Bestell-Nr.: RKW 5022

© 2020 Kawohl Verlag, 46485 Wesel
Alle Rechte vorbehalten

Titelfoto: Getty Images / Julia Sudnitskaya
Autorenbild: C. Wenk

Textquellen: Seite 122 - 123

Lektorat, Satz und Umschlaggestaltung:
Kawohl Verlag / Ruth Konrad / J. Dörr

Druck und Verarbeitung:
Drukarnia Dimograf, Bielsko-Biała, Polen

ISBN 978-3-86338-022-9   www.kawohl.de

DORO ZACHMANN

TU DIR GUTES: GÖNN DIR

Dich!

kawohl

Ein paar Worte vorneweg

Liebe Leserin, lieber Leser,

Warum liegt mir dieses Thema so am Herzen?

Weil ich aus eigener Erfahrung mit vier (inzwischen erwachsenen) Kindern (und einer kleinen Enkelin) weiß, dass es regelrecht überlebensnotwendig ist, gut für mich selbst zu sorgen. Und weil es für mich ein schwieriger Lernprozess war, bis dieses Wissen vom Kopf ins Herz gerutscht ist und ich es auch in die Tat umsetzen konnte.

Gerne möchte ich diesen Erfahrungsschatz an andere weitergeben in der Hoffnung, dass dieses Büchlein dich darin bestärkt, es dir ohne schlechtes Gewissen gutgehen zu lassen und für dich selbst gut zu sorgen.

Auszug aus meinem Tagebuch vor einigen Jahren:

Ich rase an meinem Leben vorbei. Lebe auf der Überholspur. Alles scheint wichtig: Arbeit, Termine, das Hetzen und Eilen, immer weitermachen. Alles schreit und zerrt an mir, will erledigt werden. Jetzt und sofort. Und am besten mehrere Sachen zugleich. Ich kann Dringendes von Wichtigem nicht mehr unterscheiden, alles fühlt sich an, als müsse ich es sofort und mit größter Aufmerksamkeit anpacken.

Was mir eigentlich wirklich wichtig ist, verblasst immer mehr, tritt in den Hintergrund: meine Familie, meine Freunde, Gott. Ich habe einfach keine Zeit für sie, hoffe und bettle um Verständnis. Sorry, keine Zeit, ich muss doch erst noch dies und das tun und jenen wichtigen Termin wahrnehmen ...

Wolfgang nennt mich „Frau Doktor Wichtig", wenn ich so geschäftig bin. Dabei grinst er und zieht schelmisch eine Augenbraue hoch.

Dennoch: Ich weiß, er meint es nicht nur scherzhaft. Wieder einmal macht er mich darauf aufmerksam, dass ich an ihm vorbeirenne, an mir, an unseren Kindern, an meinem Leben, an Gott.

Irgendwann kommen zum Stress die ersten körperlichen Anzeichen hinzu. Mein Körper reagiert auf den ungesunden Lebensstil. Zuerst fängt das linke Auge an zu zucken, ein paar Tage später kommen auch die Mundwinkel hinzu. Ich kann dieses Gezucke nicht kontrollieren oder gar abstellen, meine Nerven machen einfach, was sie wollen und flackern sichtbar. Sehr unangenehm!

Und dann werden die Nächte unruhig. Ich kann einfach nicht mehr schlafen, wache nachts auf und liege stundenlang wach. Gedanken lassen mich nicht mehr los, ich kreise um Sorgen, Probleme und Aufgaben, die ich tagsüber nicht lösen konnte. Nachts bekommen sie jedoch eine noch viel größere Dimension und machen mir erst recht Angst. Berge türmen sich vor mir auf und ich weiß gar nicht mehr, wo mir der Kopf steht. Tagsüber bin ich aufgrund des

Schlafmangels entsprechend gerädert und erst recht hippelig. Bin innerlich so wund, fange schon bei Kleinigkeiten an zu weinen. Jede Träne zeigt mir: Das Fass ist einfach zu voll.

Ich weiß, wenn ich jetzt keinen Riegel vorschiebe, gerät mein Leben in eine ordentliche Schieflage, die wahrscheinlich in einem Burnout, einer Depression oder ähnlichem endet. Mir ist klar, dass nur ich das Stoppschild aufstellen und radikal etwas ändern kann, niemand sonst. Viel zu lange schon spiele ich mit meiner psychischen und physischen Gesundheit. Es wird höchste Zeit, dem etwas entgegen zu setzen und mein Leben wieder in ruhigere Bahnen umzuleiten!

Ich wusste damals genau:
Es muss sich etwas ändern.
Und ich sagte mir:
Wenn nicht ich selbst etwas ändere,
wer dann?
Und wenn nicht jetzt, wann dann?

Kennst Du die Geschichte vom Indianer, der zum ersten Mal fliegt? Kaum ist er aus dem Flugzeug ausgestiegen, setzt er sich ans Ende des Rollfelds und schließt die Augen. Ein Mitreisender fragt ihn besorgt, ob es ihm nicht gut gehe, ob er ihm irgendwie helfen könne. Der Indianer entgegnet: Ich sitze nur hier und warte, bis auch meine Seele angekommen ist.

Spüren wir in unserem hektischen Leben überhaupt, ob unsere Seele noch hinterherkommt?

Mein Mann ist Psychotherapeut und hat in seiner Praxis immer mehr Burnout-Fälle. Längst sind das nicht mehr nur schwer überarbeitete Manager, immer öfter auch Familienfrauen, doppelt belastete Frauen, Mütter am Limit, Menschen wie du und ich.

Wie kommt es dazu?
Jaja, irgendwie ist es doch typisch Frau:
Erst kommen die anderen! Wir kümmern uns um den Mann, die Kinder, den kranken Hund, die einsame Nachbarin, den Haushalt,

unsere Freunde, unsere älter werdenden Eltern und Schwiegereltern, wir engagieren uns in der Gemeinde, im Elternbeirat und bringen selbstverständlich zu jedem Fest einen leckeren Salat oder gebackenen Kuchen mit, und das alles oftmals nebenher, denn natürlich stehen wir ja auch im Berufsleben unsere Frau ...

Da kann es leicht passieren, dass wir unsere eigenen Bedürfnisse ganz aus den Augen verlieren – ja, nicht einmal mehr wahrnehmen, dass wir welche haben! Wir wissen nicht mehr, was wir brauchen und was uns eigentlich gut täte.

Aber schon jedes kleine Kind weiß, dass man Blumen nur mit einer wassergefüllten Kanne gießen kann und nicht mit einer leeren, die eignet sich nur für das Spielen im Sandkasten.

Geben und immer wieder geben ist nur möglich, wenn wir an anderer Stelle auch nehmen, wenn wir es verstehen, unseren Energietank immer wieder zu füllen.

Ein wohlbekanntes Geheimnis verrät:

*Nur, wer gut
für sich selbst sorgt,
kann auch
für andere sorgen.*

Aber wie macht man das? Und womit sollen wir unseren Energietank füllen?

Ich möchte in diesem Buch drei Grundsätze näher ausführen, die sich in meinem Leben als wichtig für meine Energietank-Füllung bewährt haben:

SAG
Ja
ZU DIR

SAG JA ZU DIR

Um 1100 schrieb der Priester und Kirchenlehrer Bernhard von Clairvaux in einem Brief an den Mönch und Papst Eugen III. unter anderem:

„Wenn du ganz und gar für alle da sein willst, nach dem Beispiel dessen, der allen alles geworden ist, lobe ich deine Menschlichkeit. Aber nur, wenn sie voll und echt ist. Wie kannst du aber voll und echt Mensch sein, wenn du dich selbst verloren hast? Auch du bist ein Mensch. Damit deine Menschlichkeit allumfassend und vollkommen sein kann, musst du also nicht nur für alle anderen, sondern auch für dich selbst ein aufmerksames Herz haben. Wenn also alle Menschen ein Recht auf dich haben, dann sei auch du selbst ein Mensch, der ein Recht auf sich selbst hat. Warum solltest einzig du selbst nichts von dir haben? Wie lange noch schenkst du allen anderen deine Aufmerksamkeit, nur nicht dir selber? Ja, wer mit sich selbst schlecht umgeht, wem kann der gut sein?"

Hochaktuell, dieser Brief! Klar erwartet man wohl von einem Papst, dass er für die ganze Welt da ist, aber dass er auch nur ein Mensch ist und deshalb gut für sich selbst sorgen muss, liegt doch ebenso auf der Hand. Selbstfürsorge! „Ein aufmerksames Herz haben" – welch wunderbarer Ausdruck!

In diesem Kapitel möchte ich von der Liebe zu sich selbst sprechen. Sie ist der Anfang und das Fundament für eine reife und stabile Persönlichkeit, für gelingende Beziehungen, für einen gesunden Umgang mit mir selbst und anderen, für mein Zeitmanagement und vieles mehr.

Erst, wenn ich mich selbst lieben und annehmen kann, kann ich auch andere wirklich lieben. Erst, wenn ich die Erfahrung gemacht habe, dass ich geliebt werde, kann ich mich auch selbst lieben und meine Liebe an andere weitergeben. Gott liebt mich! Wenn mir dieser Gedanke, nein, diese Gewissheit vom Kopf ins Herz rutscht, dann kann sie auf revolutionäre,

wunderbare Weise mein Leben im positiven Sinne auf den Kopf stellen und mein Herz neu machen.

Die Bibel ist im Grunde genommen ein einziger langer Liebesbrief von Gott an uns. Und das höchste Gebot, das Jesus uns darin gibt, lautet: „Liebe deinen Nächsten wie dich selbst!" Ja, den ersten Teil des Satzes – liebe deinen Nächsten – haben wir schon oft gehört und auch verstanden, aber den zweiten Teil – wie dich selbst – übergehen wir meist.

Gott trägt uns also auf, uns selbst zu lieben, uns anzunehmen, wie wir sind, so wie er uns geschaffen hat.

Im Psalm 139,14 steht:

„DU, GOTT, HAST MICH WUNDERBAR GEMACHT!"

Lasst uns aufhören, uns ständig selbst klein zu machen und zu kritisieren. „Ich bin nicht

hübsch genug, nicht schlank genug, nicht intelligent und liebreizend, ich kann dies nicht und jenes nicht und die anderen sind sowieso alle besser ..." Kennst Du diese abwertenden Gedanken auch nur allzu gut?

Vor allem im Alter, wenn die jugendliche Schönheit sichtbar nachlässt, haben viele Menschen Mühe, sich anzunehmen und den Alterungsprozess zu akzeptieren.

Wenn wir negativ über uns denken, uns ablehnen, abwerten und klein machen, dann lästern wir Gott und kritisieren sein Werk. Wir verkennen, was er an uns Großartiges geschaffen hat.

Ja, Gott selbst hat in der Schöpfungsgeschichte eine Note eins über uns ausgesprochen:

ES IST SEHR GUT!
DU BIST SEHR GUT!

Schon wieder ein Jahr älter!
Stimmt, aber lass dir nicht grauen vor
Cellulitis, Falten und Parodontose.
Die Jahresringe machen den Baum
unverwechselbar und zeigen seine Geschichte.

Je mehr dein Körper Spuren des Alterns zeigt,
nimm sie als Bestätigung:
Ja, du hast gelebt und du lebst immer noch!
Du hast Erfahrungen gemacht, bist hier und da
gestrauchelt, aber auch wieder aufgestanden,
musstest den Preis zahlen für so manchen
Lausbubenstreich und die eine oder andere Dummheit.
Aber daraus hast du gelernt
und bist an deinen Problemen gewachsen.

Nimm dich an, wie du jetzt bist!
Deine Narben, Macken, Speckringe und Altersflecken
gehören zwar zu dir, machen dich aber nicht aus,
sie sind ein Teil deiner selbst
und du brauchst sie nicht zu verstecken.
Wahre Schönheit kommt schließlich von innen.
Das Leben hat dich geformt,
dir Reife, Weisheit und Würde verliehen.
Doro Zachmann

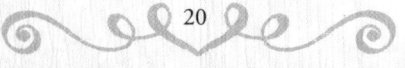

Jeder Mensch ist ein einzigartiges Original, das es kein zweites Mal gibt und das auch so nie wiederkommt. Keine Kopie, vielmehr ein Unikat aus Gottes Meisterwerkstatt.

Und das weiß ich nicht nur theoretisch und allgemein, sondern höchstpersönlich, weil ich eineiige Zwillingstöchter habe. Sie sehen sich zwar sehr ähnlich und haben auch viel gemeinsam, sind aber doch so unterschiedlich – zwei eigenständige Persönlichkeiten.

UNVERWECHSELBAR!
EINZIGARTIG!
WUNDERVOLL!

Gott sagt dir zu:

Meine Güte,
manchmal möchte ich mir selbst
voller Stolz und Anerkennung
auf die Schulter klopfen,
wenn ich dich so ansehe.
Du bist einfach wunderbar!
Bist mir so gut gelungen,
besser könnte es nicht sein!

Du bist ein ganz besonderes Meisterstück
aus meiner Schöpferwerkstatt,
ein unverwechselbares Unikat.
Niemals werde ich dich kopieren,
du bleibst einzigartig und großartig.

Ich habe so viel Freude an dir,
voller Vaterstolz und Schaffensglück
betrachte ich dich liebevoll.
Bleib dir treu, sei du selbst,
verstelle dich nicht,
leb das Deine, steh zu dir!
Ich tue es auch!

Hab viel Freude an dir selbst,
werte dich nicht ab,
rede nicht schlecht von dir.
Sieh nicht zu oft auf das,
was dir nicht gefällt,
sondern richte deinen Blick auf deine Schönheit,
deine Gaben, dein unverwechselbares Wesen.
Damit würdigst du dich selbst
und meine liebevolle Meisterkunst.

Glaube, was Freunde Gutes über dich sagen,
nimm ihre Komplimente und ihr Lob an,
es gilt tatsächlich dir.

Ich wünsche mir sehr,
dass auch du von ganzem Herzen
zu dir Ja sagen kannst.
Mein Ja zu dir steht felsenfest.

Du bist mein geliebtes Kind,
ich habe so viel Freude an dir!

Doro Zachmann

Du bist ein ganz besonderer Mensch,
dich gibt es kein zweites Mal!

Niemand ist wie du,
das macht dich so unverwechselbar
und einzigartig,
unaustauschbar und unersetzbar.

Nur du kannst diese Lücke füllen,
den Platz einnehmen, an dem du stehst,
nur du kannst diesen einen,
deinen Weg gehen,
niemand sonst.

Nur du hast deine Geschichte,
niemand anderer ist dir gleich,
keiner ist denselben Weg gegangen.

Es gibt auf dieser Erde keinen Menschen,
der dein Lachen, deine Stimme, dein Gesicht hat.

Du bist so wunderbar du,
und das ist soooo gut!

Doro Zachmann

Um mich wirklich selbst lieben und annehmen zu können, muss ich mir bewusst machen: Gott liebt mich! Seine Liebe zu mir ist schon immer da, noch vor meinem ersten Atemzug hat er mich ins Leben hineingeliebt. Von dieser Liebe Gottes will ich mich ganz füllen lassen, sie annehmen, tief in mein Herz sacken lassen und mit einem Ja zu mir selbst auch Ja sagen zu Gott und seine Liebe erwidern.

Wenn du mit der Selbstliebe starke Probleme hast, dann möchte ich dir Mut machen, dieses Thema anzugehen, am besten mit professioneller Hilfe. Zudem gibt es auch zahlreiche Bücher, Podcasts, Vorträge, Seminare etc., in denen du dir sehr gute Anregungen und Impulse holen kannst. Um dich selbst zu lieben, kannst du nicht einfach einen Schalter im Kopf umlegen. Es ist ein längerer Prozess, ein Weg, aber ein äußerst lohnender, das verspreche ich dir!

Im Grunde geht es bei der Selbstliebe vor allem um fünf Punkte, die du mit einem aufmerksamen Herzen betrachten solltest:

- Nimm deine Selbstzweifel wahr!

Was sind deine immer wiederkehrenden Negativgedanken, deine abwertenden Sätze im Kopf, mit denen du dich selbst verurteilst? (z.B. Ich bin nicht gut genug, so, wie ich bin.)

- Nimm deine Gefühle wahr und lass sie fließen!

Welche Gefühle verdrängst du, lässt du nicht zu, erlaubst du dir nicht? Wo machst du sozusagen „gute Miene zum bösen Spiel"?

- Nimm deine Bedürfnisse wahr!

Was braucht deine Seele, um sich ausgeglichen und gut zu fühlen? Werde selbst aktiv, deine Bedürfnisse zu erfüllen!

- Nimm deine inneren Antreiber wahr!

Das sind Sätze und Wertvorstellungen, die wir – meist in der Kindheit – verinnerlicht haben. Darunter sind oft viele sehr negative Leitsätze, die uns heute noch – unbewusst – lenken. Achte auf deine Gedanken, werde dir vor allem jener inneren Sätze bewusst, die mit „Ich sollte ...", „Ich muss ..." und „Ich brauche mehr ..." beginnen. So kommst du deinen Antreibern auf die Spur.

Wo fängt gesunde Selbstliebe an und wo wird sie egozentrisch?

Wenn ich hier von Selbstliebe spreche, dann meine ich nicht jene Egozentrik, die in folgendem Witz zum Ausdruck kommt:

Ein Mann steht an der Bar und unterhält sich mit einer Frau. Nach einer langen Weile sagt er: „Nun haben wir den ganzen Abend immer nur von mir geredet. Nun also mal zu Ihnen: Wie finden Sie mich?"

Ich rede nicht von der egoistischen Selbstliebe, bei der man sich selbst im Zentrum des Universums sieht und das ganze Denken darauf abzielt, wie man sich alles und jeden zum (Eigen-)Nutzen machen kann.

Nein, eben weil mir ja andere Menschen sehr

am Herzen liegen und ich sie im Blick haben will, nütze ich sie in keinster Weise aus für meinen Vorteil. Aber ich darf mich sehr wohl gesund abgrenzen und liebevoll mit mir selbst umgehen.

Der Mensch, mit dem ich die meiste Zeit meines Lebens verbringe, dem ich niemals aus dem Weg gehen kann und mit dem ich es mir am wenigsten verscherzen sollte, bin schließlich ich selbst. Also macht es doch durchaus Sinn, gut mit mir selbst umzugehen, um mit mir selbst klar zu kommen.

Mangelnde Selbstliebe hingegen zeigt sich v.a. in zwei Ausprägungen: Manche Menschen sind stets unzufrieden und immer auf der „Jagd" nach etwas, wollen immer höher und weiter kommen, schneller, größer, schlanker, besser, reicher, fitter … sein.

Nichts gegen selbstgesteckte Ziele! Aber für diese Menschen ist es nie genug, sie geben sich nie zufrieden und deshalb können sie aus

ihrem selbstkonstruierten Hamsterrad auch nicht aussteigen.

Andere wiederum werten sich ständig selbst ab, können keine Komplimente annehmen, machen sich immer klein und halten nichts Gutes von sich selbst. Sie stellen ihr Licht stets unter den Scheffel und denken fast ausschließlich schlecht von sich selbst.

Wenn ich aber aus vollstem Herzen Ja zu mir sagen kann, mich mit all meinen Macken, Schwächen und Grenzen akzeptieren kann, (was ja nicht heißt, dass ich nicht auch bestrebt sein darf, mein Verhalten zu ändern!), dann kann ich auch den Menschen um mich herum mit echter, wahrhaftiger Liebe und Annahme begegnen.

DAS ERSTE
SICHERE
Kennzeichen
EINER
GESUNDEN SEELE
IST DIE *Ruhe*
des Herzens
UND EIN INWENDIG
GEFÜHLTES VERGNÜGEN.

Edward Young

Auch Vergebung funktioniert genauso: Bevor ich mir nicht selbst vergeben kann, kann ich es auch nicht bei anderen. Wenn ich aber nachtragend bin, trage ich die Last und bin selbst die Belastete. (Der andere, den ich für schuldig halte, hat die Geschichte vielleicht schon längst innerlich abgehakt und geht fröhlich seiner Wege.) Erst, wenn ich Gottes Vergebung für mich angenommen habe, kann ich mir selbst vergeben und dann auch anderen.

Ja, Vergebung braucht der Mensch: denn keiner ist perfekt: So genial uns Gott geschaffen hat, sind wir doch keine Götter. Obwohl wir nach Gottes Ebenbild geschaffen sind, sind wir doch nur Menschen. Wir machen Fehler, werden aneinander schuldig, haben nervige Macken und kämpfen lebenslang mit unseren Schwächen.

Mein Lieblingsexperte und bester Lehrmeister in Sachen Selbstannahme ist mir schon immer mein Sohn Jonas gewesen, der mit Down-Syndrom und schwerem Herzfehler geboren

wurde und trotz vieler Stolpersteine auf seinem Weg das Leben mit Leichtigkeit nimmt und genießt und ein großes Ja zu sich selbst hat. Aber sehen Sie selbst: Hier ein Text-Ausschnitt von Jonas aus unserem zweiten gemeinsam geschriebenen Buch „Bin kein Star, bin ich":

Keiner ist perfekt, aber ist gut so!
Gott mag mich, ich bin! Und reicht so!
Also, genieße ich meine Leben!
Jeder ist wie ist, und ist anders.
Andere hat gesunde Herz,
ich hab kranke Herz,
kann nichts für, ist so bei mir,
aber ist okay, weil Gott mir aufpasst.

Alle hat Behinderung, alle Menschen,
ich bin Down-Syndrom.
Anderen Menschen haben Unterschied
z. B. Rollstuhl oder Brille braucht,
dem Augen nicht gut,
er anderen sehen kann,
sonst blind ist. Oder einer hat krumme Beine
oder hört nix, sein Ohren behindert.

Gott hat nie Fehler gemacht, jeder Mensch
ist Unterschied von den anderen, und alle gleich
wäre, is so Langeweile! Das will ich nicht!

Alle sind behindert, niemand ist perfekt,
aber alle denk so, aber stimmt nicht,
ich weiß das!

Ich kann nix anders machen,
ich hab Down-Syndrom und dem bleibt so.
Aber ist okay so, ich bin gut.
Und bin ich glücklich.
Manche Menschen, dem nicht glücklich
und dem haben kein Down-Syndrom.
Der sind traurig. Ich bin nicht traurig,
weil meine Leben schön ist.

JA, WIE WAHR:
WIR SIND ALLE NICHT PERFEKT!

Aber auch hier gilt: Ich darf mit mir selbst
gnädig sein, Gottes Güte, Gnade und
Barmherzigkeit auch für mich gelten lassen
und in Anspruch nehmen.

Ich wünsche dir die Kraft,
dir selbst zu vergeben.

Wenn andere Menschen uns verletzen
fällt es oft schwer, ihnen zu verzeihen.
Aber nur, wer nicht nachträgt,
hat ein unbeschwertes Herz
und wird nicht von der Last
der Vorwürfe erdrückt.

Der Kraft der Vergebung
wohnt Heilung inne. Immer.

Das gilt auch für uns selbst!

Gerade dann, wenn wir wieder mal
über unsere eigenen Füße gestolpert sind,
uns selbst im Weg gestanden haben,
wieder denselben Fehler gemacht haben
und zum wiederholten Male
in die gleiche Falle getappt sind:

Gott hat uns
unsere Schuld längst vergeben.

Der Preis dafür
wurde in Jesus schon hoch bezahlt.

Wir dürfen uns
selbst auch vergeben.

Hinfallen,
aufstehen,
Krone richten,
weitergehen.

Doro Zachmann

Mir hilft es, ein gedankliches **STOPP-SCHILD** aufzustellen, wenn ich merke, dass ich mich selbst abwerte und klein mache oder etwas tue, das mir gar nicht gut tut. **STOPP!**

Was mache / sage ich da eigentlich gerade?
Ich mache mir in diesem Moment ganz bewusst, was gerade geschieht, wie ich mit mir selbst umgehe. Und dann entscheide ich, es zu lassen bzw. anders zu machen, dem etwas Positives entgegenzusetzen.

Ich erlaube mir einfach nicht mehr, mir selbst Sätze zu sagen, die ich so niemals zu meiner Freundin sagen würde. Ich will mir selbst ein guter Freund sein, mich so behandeln und so auch mit mir sprechen.

Wir alle straucheln und fallen im Leben hier und da. Die Frage ist, ob wir dann mutlos liegenbleiben oder Gottes ausgestreckte Hand ergreifen und uns daran wieder hochziehen, um weiterzukommen auf unserem Lebensweg.

HINFALLEN.
AUFSTEHEN.
KRONE RICHTEN.
WEITERGEHEN.

Allzu oft stolpern wir über unsere eigenen Schwächen und Unzulänglichkeiten.
Sage dir: „Heute will ich den Blick mal ganz bewusst auf meine Stärken lenken und mir neu klar machen, was ich besonders an mir schätze."

Um von Gott geliebt zu werden, brauchen wir keine Leistung zu erfüllen. Sein Ja zu uns gilt ohne Professor-Titel, dicken Geldbeutel oder Friedensnobelpreis.

Nur für heute lasse ich meine Sorgen los,
lege ich meine Probleme in eine Kiste,
lasse ich das Grübeln sein.

Nur für heute lege ich meine Zweifel ab,
packe ich meine Ängste in Watte,
schiebe ich meine Fragen weit fort.

Nur für heute lasse ich das Gehetztsein ruhen,
gebe ich meiner inneren Unruhe frei,
schenke ich meinem Ärger keine Beachtung.

Nur für heute
will ich uneingeschränkt Ja zu mir sagen,
höre ich auf, mich schlecht zu machen,
bin ich mir selbst ein sehr guter Freund.

Nur für heute
will ich mich für das Glück, die Liebe,
Dankbarkeit und Hoffnung entscheiden.

Nur für heute will ich zufrieden sein
mit dem, was ist.

Doro Zachmann

Ich wünsche dir
ein gesundes Selbstwertgefühl.
Nein, kein Gefühl,
sondern die Gewissheit,
dass du selbst ganz viel wert bist.

Sei selbstbewusst,
sei deiner selbst bewusst und wisse,
dass du ein von Gott
über alle Maßen geliebter Mensch bist.

Nicht weil wir so toll sind,
liebt uns Gott.
Weder sind wir perfekt
noch unfehlbar.
Aber darum geht es ja nicht!
Wir sind so toll, so unendlich kostbar
und unverwechselbar einzigartig,
weil Gott uns so geschaffen hat
und uns so sehr liebt!
Jeden einzelnen.
Dich. Mich. Alle.

Doro Zachmann

Aber wir Menschen denken oft in genau diesem Schema: Haste was, dann biste was! Unsere Leistungsgesellschaft ist nun einmal darauf ausgerichtet – und natürlich prägt uns das.

Es ist ja auch in Ordnung, mit Recht stolz zu sein auf etwas, das ich erreicht habe und diesen Erfolg zu genießen. Ganz klar! Aber so vieles im Leben habe ich einfach geschenkt bekommen, ganz ohne mein Zutun. Es tut gut, sich (immer mal wieder) regelrecht vor Augen zu führen, wie privilegiert und beschenkt ich bin.

Dein Leben ist eine einzige Schatzkiste.

Es lohnt sich, ab und zu den Deckel zu öffnen
und sie zu bestaunen,
all die wunderbaren Kostbarkeiten,
die sich darin mit der Zeit
angesammelt haben:

Gemachte Erfahrungen,
durchlittene Täler,
erklommene Gipfel,
beflügelnde Träume,
erreichte Meilensteine,
bewegende Veränderungen,
überwundene Hindernisse,
bereichernde Begegnungen,
hilfreiche Wegweiser,
lohnende Umwege,
jede Menge
Glücksmomente und Sternstunden
und unzählbare wertvolle Berührungen
von Herz zu Herz.

Doro Zachmann

IMMER, WENN ICH
MITTEN IM ALLTAG
innehalte
UND GEWAHR WERDE,
WIE VIEL MIR GESCHENKT
IST, WERDEN DIE ZAHLLOSEN
SELBSTVERSTÄNDLICHKEITEN
ZU EINER
Quelle
des Glücks.

Gustave Flaubert

Ich lade dich ein, dir bei einer gemütlichen Tasse Kaffee eine halbe Stunde Zeit allein mit Block und Stift zu nehmen.

Schreibe ausschließlich Positives über dich auf: deine Fähigkeiten und Talente, Gaben und Charaktereigenschaften, was dir an deinem Körper gefällt (ja, da gibt es sicherlich etwas!), was Freunde Gutes über dich sagen, was du im Leben schon alles geschafft hast, welches Lob du verdient hast, welche Probleme du gelöst und welche Krisen du bereits überstanden hast.

Zwinge dich dazu, diese Liste erst zu beenden, wenn dir mindestens 20 gute Gründe eingefallen sind, weshalb du dich selbst liebenswert finden könntest.

Du wirst sehen, es lohnt sich dran zu bleiben und am Ende wirst du staunen: Es steckt so viel Wunderbares in dir! Du wirst erkennen, was da alles in dir schlummert und geweckt werden will!

LASS ES DIR

gut

GEHEN

Good
morning!
♡

Du, Gott,
hast mich so wunderbar gemacht.

Aus dem kleinen Samen ist erst eine Knospe,
dann eine Blüte geworden,
die sich mehr und mehr öffnet.
Mit deiner Hilfe entfalte ich mein Selbst,
entdecke all den Reichtum,
den du in mich hineingelegt hast.
Wie eine Blume strahle ich
nicht aus mir selbst heraus,
brauche, dass du mich nährst,
mir Sonne und Regen schickst,
damit ich wachsen kann.
Einem Spiegel gleich
soll an mir
etwas sichtbar werden
von deiner Größe,
deiner Liebe, deiner Güte.
Blühen will ich,
dir zur Ehre,
wunderschön!

Doro Zachmann

LASS ES DIR GUT GEHEN

Wenn ich ein Ja zu mir habe, wenn ich mich selbst gerne mag, dann liegt es doch auf der Hand, dass ich auch gut für mich sorgen möchte – Selbstfürsorge also.

Das beinhaltet, darauf zu achten, dass es mir gut geht und ich mit mir selbst gut umgehe. Zum Beispiel achte ich darauf, dass ich meine körperlichen Grundbedürfnisse ausreichend stille: genügend Schlaf, gesunde Ernährung, ausreichend Trinken, regelmäßige Bewegung.

Aber darüber hinaus mache ich mir bewusst, dass auch meine anderen Bedürfnisse zählen und ich sie ernst nehme: Bedürfnisse nach Ruhe und Entspannung, Abwechslung, menschliche Nähe, Freundschaft, Zärtlichkeit, Liebe, Sicherheit, Geborgenheit, Lernen, Ausprobieren, Freiheit, Selbstbestimmung und vieles mehr.

Ich wünsche dir Balance
in deinem Lebensalltag,
dass du immer wieder
die 'goldene Mitte' findest
und gegensätzliche Pole
miteinander vereinbaren
und ihnen gerecht werden kannst.

Ich wünsche dir
ein gesundes Gleichgewicht
zwischen Herausforderung
und Entspannung,
Freude und Schmerz,
Arbeit und Ausruhen,
Müßigem und Leichtigkeit.

Und bei allem, was du
für andere tust, sorge dafür,
dass du dir auch genügend
Zeit für dich selbst nimmst.

Doro Zachmann

Nimm dir Zeit für dich selbst und tu, was dir gut tut! Vielleicht seufzt du und denkst: „Ich habe doch gar keine Zeit für mich und wenn, dann weiß ich oft nicht, was mir guttut." In diesem Seufzer stecken zwei Probleme. Gehen wir das erste an: Die Zeit.

Wir alle haben 24 Stunden pro Tag, keine mehr, keine weniger. Und jeder Mensch hat die Verantwortung für seine Termingestaltung selbst. Ja klar, da gibt es den Job und die Kinder, die schon etliche Stunden in Anspruch nehmen. Und doch sind es nicht die anderen, die meinen Kalender führen und füllen. Nur ich kann letztlich meine Zeit und meine Kräfte einschätzen und einteilen. Und das muss ich auch, denn es tut sonst niemand für mich. Ich muss die Zügel für mein Leben selbst in die Hand nehmen: Nicht nur einfach drauflos marschieren, sondern entscheiden, in welchem Tempo und in welche Richtung ich gehen will. Ich steuere mein Lebensboot, sonst keiner. (Abgesehen davon, dass Gott den Wind in mein Segel bläst …)

Die Zeit rast,
die Uhr tickt,
Hektik und Stress im Minutentakt.

Manchmal habe ich das Gefühl,
an meinem eigenen Leben
vorbei zu hechten.

Und obwohl ich stets in Eile bin,
werde ich das Gefühl nicht los,
etwas Wichtiges zu verpassen,
mal wieder zu spät zu kommen
und mein Pensum nicht zu schaffen.
Stopp!

Heute will ich bewusst durchatmen,
den Modus auf Zeitlupe stellen
und meiner inneren Unruhe
mit Gelassenheit begegnen.

Ich weiß, es gibt noch so viel zu tun
und ich weiß letztlich nicht,
wie viel Zeit mir noch bleibt,
aber jetzt, nur für diesen Moment,
atme ich ruhig durch,
genieße den Augenblick
und entspanne mich.

Der gestresste Zeitgeist
soll mich nicht in seinen Klauen haben,
meine Zeit steht in Gottes Händen
und der hat bekanntlich noch nie
was von Eile gesagt.

Ich will nicht bis an mein Lebensende
hetzend durch die Gegend rennen,
will mir Zeit nehmen
für bereichernde Begegnungen
mit anderen, mir selbst und Gott.

Doro Zachmann

Es ist so wichtig, dass ich selbst gut für mich sorge, denn sonst tut es kein anderer! Dein Chef wird kaum sagen: „So, jetzt reicht's für heute, lass das mal mit den Überstunden, geh lieber heim zu deiner Familie." Dein Mann sagt vielleicht nicht: „Schatz, setz dich doch, ich bügle für dich weiter!" Und die Kinder werden auch nicht freiwillig den Abwasch anbieten. Außer vielleicht einmal im Jahr am Muttertag.

Das schönste Geschenk, das ich denen machen kann, die ich liebe – und das entdecke ich als Lebensgefährte und Vater immer mehr: so zu leben, dass ich nicht ständig müde und gestresst bin. Mich auszuruhen bedeutet also zu lieben.
Tomas Sjödin

Ich muss festlegen, wo meine Grenzen sind, wie weit ich gehen kann und will, so dass noch genügend Spielraum für mich selbst bleibt und ich nicht untergehe. Abgrenzen, das ist etwas, das gerade uns Frauen so schwerfällt, weil wir doch so harmoniebedürftig sind und es am

liebsten allen recht machen würden. Schön und gut, aber damit gehen wir unter, wie viele Lebensgeschichten erzählen.

Vor Kurzem las ich in einer Todesanzeige:
„… sie war eine selbstlose Frau …"
Das hat mich zutiefst erschreckt. Selbstlos. Komisches Wort. Will ich das auf meinem Grabstein stehen haben? Will ich mein Selbst wirklich los sein? Nein! Bestimmt nicht!

Lasst uns Wächter und Wächterinnen des eigenen Terminkalenders bleiben, er füllt sich sonst von ganz allein, und zwar lückenlos. Wenn wir nicht gezielt Zeit für uns einplanen und im Kalender notieren, tut es niemand für uns. Dafür gibt es kein vorgeschriebenes Raster, dazu sind wir alle zu unterschiedlich und unsere Lebenssituationen ändern sich ja auch immer wieder. Mit Kleinkindern kann ich mir nicht so leicht Raum nehmen, wie als Mutter, deren Kinder flügge sind. Aber es ist nicht unmöglich und auf jeden Fall nötig!

Als unsere Kinder klein waren, haben mein Mann und ich uns einen Abend die Woche einen Babysitter geleistet und sind ausgegangen. Wir waren schön essen, im Theater oder im Kino. Und das ganz ohne Handy, das es damals noch nicht gab. Das heißt wir waren einfach mal ein paar Stunden nicht erreichbar und somit auch nicht zuständig. Das hat sich einfach wunderbar angefühlt und ich habe regelrecht auf diesen Donnerstag hingefiebert. Zusätzlich hat mein Mann einen festen Abend die Woche die Kinder allein versorgt und ich konnte mich mit einer Freundin verabreden oder auch einfach in mein Zimmer zum Malen, Tagebuchschreiben, Lesen oder Ausruhen zurückziehen.

Ganz besonders gerne erinnere ich mich an zwei schöne Urlaube, die ich mit einer Freundin gemacht habe, als unser Jüngster noch nicht einmal laufen konnte. Wolfgang hat zu Hause den Laden geschmissen und ich bin auf Mallorca und in Ägypten Motorrad und Heißluftballon gefahren, habe im Meer

geschnorchelt, am Strand gefaulenzt und habe die Nächte in der Stranddisco durchgetanzt. Zugegeben, erholsam waren diese Urlaube nicht wirklich, weil wir so viel unternommen und wenig geschlafen haben, aber es hat sich soooo gut angefühlt, mich mal wieder ganz außerhalb der Mutterrolle zu spüren und zu erleben. Dass mein Mann mir das ermöglicht hat, war für mich liebes- und lebenserhaltend. Kaum wieder zu Hause, meinte Wolfgang seufzend, dass er sich nun wieder sehr auf seine Arbeit außer Haus freue … Aber er wusste durch diese Erfahrung auch noch einmal besser zu schätzen, was ich den lieben langen Tag mit unseren Kindern leistete.

Rechtzeitig und vorausschauend planen hilft sehr. Ich trage mir bewusst freie Tage und Stunden ein. Damit schütze ich mich vor mir selbst, denn wenn ein Termin schon mit Auszeit für mich belegt ist, kann ich mit gutem Gewissen eine Anfrage ablehnen, weil der Termin schon vergeben ist – an mich selbst!

Tu dir Gutes

Gönne dir von Zeit zu Zeit einen Tag,
der dir einfach nur gut tut,
an dem du nicht
zu funktionieren brauchst,
keine Aufgaben zu erfüllen hast,
keine Ziele verfolgen musst.

Einfach nur sein.
Du sein.
Da sein.
Genießen, was ist.

Ein Tag ohne Zweck und Ziel
und doch voller Sinn:

Leichtsinn, Frohsinn,
Tiefsinn, Eigensinn.

Tu dir Gutes:
Gönne dir von Zeit zu Zeit dich selbst.

Doro Zachmann

Wo sich die täglichen Aufgaben aufdrängen und Termine nur so aneinanderreihen, hilft nur eins: im Kalender feste Zeiten reservieren für Hobbys, Spaß, Vergnügen, Ruhe, Stille, Zeit allein, Zeit mit dem Mann, gezielt Zeit mit nur einem Kind, Zeit mit Freunden, Zeit mit Gott.

ES IST NICHT
WENIG ZEIT,
DIE WIR HABEN,
SONDERN ES IST
DIE VIELE, DIE WIR
nicht nutzen.

Seneca

Als ich damals kurz vor meinem Zusammenbruch stand, habe ich bewusst überlegt, was ich in meinem Alltag ändern, ja reduzieren konnte. Beruflich hatte ich gerade wieder neu etwas mehr Gas gegeben, da wollte ich momentan keinen Gang rausnehmen. Die Kinder forderten auch ihr Recht und auch hier wollte ich nicht durch noch mehr Fremdbetreuung (neben unserem wöchentlichen Babysitter) für Entlastung sorgen. Aber ich war seinerzeit in unserer Gemeinde sehr aktiv und hatte zeitweise zehn Ehrenämter bzw. war in mehreren Gruppen dabei. Gleichzeitig. (Heute fasse ich mir schon alleine bei diesem Gedanken an den Kopf!) Und so habe ich bis auf zwei Dienste radikal alles andere in kürzester Zeit abgegeben. Und es half. Sofort.

Noch heute erinnere ich mich an das gute Gefühl, ohne schlechtes Gewissen zig bereits eingetragene Termine wieder aus meinem Kalender ausradieren zu können und die neu gewonnenen freien Lücken zu bestaunen – und zu bewahren. Welch eine Befreiung!

Erleichternd war für mich auch, dass ich überall auf Verständnis für mein Handeln traf, das ich selbstredend erklärte und offen erzählte. Niemand hat mir Vorwürfe gemacht.

Unser Pastor stand auch völlig hinter meiner Entscheidung, mich so umfangreich zurückzuziehen. Das hat es mir natürlich viel leichter gemacht, so radikal zu agieren.

Und siehe da – die Lücken in der Gemeinde schlossen sich nach und nach auch ohne mich wieder ... Da habe ich verstanden, dass ich mich manchmal im negativen Sinn zu wichtig nehme und mir einbilde, dass es ohne mich nicht richtig läuft. Was für ein Quark!

Ich bin ersetzbar! Nicht als Individuum, aber in diesen ehrenamtlichen Tätigkeiten haben andere meine Jobs übernommen und es zwar anders aber nicht minder gut oder gar besser gemacht! Was für eine erleichternde und auch erdende Erfahrung!

Warum stehen wir uns oft selbst im Weg, wenn es darum geht, für uns selbst zu sorgen? Warum meinen wir, die Erwartungen der anderen an uns selbst (und oft auch unsere eigenen), unbedingt erfüllen zu müssen? Wer sagt das?

Aber wer kann sich heute noch so etwas (das Ruhen) leisten? Seit das regelmäßige Ausruhen vom Aussterben bedroht ist, wirkt jemand, der erzählt, dass er gewöhnlich mittags ein Nickerchen macht, als gehörte er ins Museum. Dass man manchmal den ganzen Tag „nichts Gescheites" tut, ist eine Mitteilung, mit der man vorsichtig umgehen sollte. Empfindliche Menschen sollten vor ihr geschützt werden; sie könnten von dieser Nachricht einen Ausschlag bekommen.

Nur was man messen kann, zählt. Ich höre Leute damit angeben, wie wenig Schlaf sie brauchen und sage mir: Wie schade für Sie! Der Schlaf ist doch das Beste, was es gibt .... Das Ruhen ist in Verruf geraten. Wir entschuldigen uns dafür,

als wäre es eine Sünde. Wir müssen uns dafür verantworten, als wäre es ein Vergehen. Und was noch schlimmer ist: Wir gehen mit der Ruhe um, als könnten wir eigentlich gut ohne sie auskommen. Das geht soweit, dass wir es schier unverzeihlich finden, müde zu sein.
Tomas Sjödin

Niemand kennt mich so gut wie ich mich selbst. Niemand weiß also, wo meine Grenzen liegen. Und die können definitiv ganz woanders sein als bei meinem Mann, meiner besten Freundin oder großen Schwester.

Das macht mich nicht besser oder schlechter, sondern nur anders und einzigartig. Und wenn ich ausgelaugt und müde bin und einfach keine Kraft mehr habe, nutzt es mir herzlich wenig, wenn andere mir sagen oder vorleben, dass sie das alles ganz locker mit links schaffen.

Ich habe ein Recht auf meine Grenzen!

RAUM FÜR DICH

Ich wünsche dir
Raum für dich
an dem Ort,
an den Gott dich gestellt hat,
dass du Platz hast zur Entfaltung,
damit du weiter wachsen
und das Deine entwickeln kannst.

Erkenne, was dich zu sehr einengt,
dir die Luft zum Atmen nimmt
und strample dich frei.

Vertrete und verteidige deinen Raum,
du hast ein Recht darauf,
dich auch mal zurück ziehen zu dürfen
und mit dir allein zu sein.

Schaff dir Freiräume,
Zeit für dich,
Zeit für Freunde,
Zeit für Gott.

Doro Zachmann

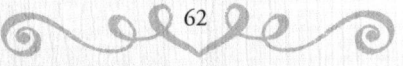

Das Neinsagen fällt uns so schwer, wir wollen doch niemanden kränken und enttäuschen.

Viele Frauen sind großgeworden mit der Vorstellung vom lieben, braven Mädchen, das nicht aneckt und immer darauf achtet, was die anderen von ihm erwarten, um diese Anforderungen möglichst zu erfüllen und dafür geliebt zu werden.

Da hat sich irgendwo im Hirn der Gedanke festgesetzt, dass NIEMALS JEMAND auf uns sauer sein darf.

Aber an diesem Anspruch werden wir definitiv scheitern, denn bei aller noch so großen Anstrengung: Wir können es NIEMALS ALLEN recht machen.

Ich muss also bereit sein auszuhalten, dass der andere von mir enttäuscht ist, etwas Abwertendes über mich sagt oder vielleicht denkt. Ich muss aushalten, auch mal die Ursache für den Ärger eines anderen zu sein.

Das muss ich für mich ganz bewusst entscheiden: Ja, ich will und kann es nicht jedem
recht machen! Ich will meine eigenen Grenzen
wahrnehmen und schützen und dafür auch
in Kauf nehmen, jemand anderen zu enttäuschen, weil ich seinen Anforderungen an mich
nicht gerecht werden kann und will. Das tut
mir zwar leid, aber das kann ich dann auch so
stehen lassen und aushalten.

Klar hat der andere auch ein Recht auf seine
Ansprüche, Anfragen und Erwartungen, aber
die kann ich getrost außerhalb von mir lassen. Sie sind seine Sache! Es tut dann zwar
weh, ihm nicht gerecht werden zu können
und wollen, aber so ist es eben. Das muss ich
aushalten lernen und den Schmerz nicht an
mich heranlassen, denn ich bin es mir selbst
und anderen schuldig, gut für mich zu sorgen.
Selbstfürsorge heißt auch, dass ich mich nicht
länger gegen Ansprüche von außen rechtferti-
gen und mich weiter damit beschäftigen muss.
Ich darf sie mit gutem Gewissen wahrnehmen
und abhaken!

Ich wünsche dir
Mut zum Anderssein,
trau dich,
auch mal gegen den Strom zu schwimmen,
wenn das deinem Fühlen
und Denken gemäß ist.

Geh nicht unter in der Masse,
tue nichts nur, weil alle es so tun.
Mach dir deine eigenen Gedanken,
treffe deine eigenen Entscheidungen,
vertraue deinem Herzen.

Gott hat dich ganz besonders gemacht,
lebe das Deine,
steh zu deiner Einzigartigkeit,
nimm deine kleinen liebevollen Macken an,
keiner ist wie du.

Bleib dir treu und steh zu dir.
Gott tut es auch.

Doro Zachmann

Am Anfang habe ich über innere Antreiber und ungute Sätze gesprochen. Vielleicht lautet auch bei dir einer davon: „Du musst dich erst mal ordentlich ins Zeug legen, etwas leisten und dich anstrengen, bevor du dich ausruhst und deine Zeit mit Unnützem verplemperst!"

Bei Gott hört sich das ganz anders an: Als Gott am 6. Tag den Menschen schuf, hatte er bereits die ganze Erde erschaffen. Der Mensch war nun sozusagen das i-Tüpfelchen. Den 7. Tag erklärte Gott zum Ruhetag. Die erste Aufgabe, die Gott dem Menschen also stellte, hieß: Ruhe!

Nicht: „Los, tu etwas, dann darfst du ausruhen." Nein, Gott sagte: „Ruh dich aus, komm hier erst mal an, schau dich um, freu dich mit mir an allem, was ich geschaffen habe und dann kümmere dich um die Erde, die ich dir anvertraue. Sammle erst mal Kraft und freue dich an dem, was du bist und was du hast."
„Man kann Gott nicht allein mit Arbeit dienen,

sondern auch mit Feiern und Ruhen",
hat schon Martin Luther erkannt. Oder wie
ich neulich unfrommer als Graffiti in einer
Unterführung las:
„Wir müssen immer mal wieder abhängen,
um keinen Durchhänger zu haben!"

Regelmäßig einen Ruhetag, Zeit für Ent–
spannung und Erholung, einzuhalten, ist also
ein absolut göttliches System.

Na, wenn das nur so einfach wäre ...

Selbst wenn mal keine Termine anstehen, fällt
es uns so schwer, runterzufahren und den
Müßig-Gang einzulegen. Und das auch noch
ohne schlechtes Gewissen! Geht ja gar nicht!

Geht eben doch! Wenn ich verstanden habe,
wie wichtig und nötig es ist, dass ich es mir
selbst gut gehen lasse, weil ich nur dann auch
wieder in der Lage bin, meine Aufgaben anzugehen und für andere da sein kann.

ES BRAUCHT
ZU ALLEM EIN
ENTSCHLIEßEN,
*selbst zum
Geniessen.*

Eduard von Bauernfeld

Ich muss herausfinden, was mich selbst daran hindert, mal einen Gang runterzuschalten oder mir bewusste Auszeit zu nehmen. Oftmals sind es unbewusste Verhaltensweisen, die automatisiert anspringen und über die ich mir gar keine Gedanken mache und die sich als Symptome im Gefühlsbereich zeigen.

Ein Beispiel: Ich sitze am Frühstückstisch, mein Mann und die Kinder sind schon aus dem Haus, und ich könnte jetzt noch gemütlich und entspannt die Zeitung bei einer zweiten Tasse Kaffee lesen. Stattdessen springe ich wie automatisch auf, wusele getrieben herum, räume den Tisch ab und die Spülmaschine ein und sauge den Boden. Ohne das bewusst zu entscheiden, ohne darüber groß nachzudenken. Ich mache es einfach. Keine Frage, das sind alles wichtige Aufgaben, aber mir sitzt kein Termin im Nacken, ich könnte das alles auch erst in einer halben Stunde beginnen. Warum bleibe ich nicht einfach mal sitzen?

Oftmals stecken dahinter alte, erlernte und übernommene Normen und Werte („Erst die Arbeit, dann das Vergnügen!"). Ich habe selbst, meist unbewusst, entschieden, sie zu übernehmen.

Auch die Abwehr von Angst kann dahinter stecken, wenn ich diese innere Unruhe, dieses Getriebensein spüre: Wie soll ich das bloß alles heute schaffen?

Und da sind ja auch die Ansprüche an mich, es richtig gut zu machen und wirklich alles zu schaffen. Ansprüche, die vielleicht andere, aber auch ich selbst mir gegenüber habe, und die zurückgehen auf ungute Antreiber, die uns schon als Kinder prägten, wie „Sei perfekt", „Sei schnell", „Sei stark", „Sei gefällig", „Streng dich an", „Gib immer dein Bestes!", „Sei besser als die anderen" etc.

Zu erkennen sind sie an dieser inneren Unruhe, Rastlosigkeit, am Getriebensein und Nicht-abschalten-können.

Und eben an diesen Gedanken, die folgender-
maßen beginnen: „Ich sollte …, ich muss …,
ich brauche mehr …".

Dann hilft nur eins: Bremse ziehen und genau
hinschauen, hinspüren, beten, wahrnehmen,
was ich wirklich fühle, wie es mir geht.

In dieser Bewusstheit kann ich meine Gefühle
in einen Sinnkontext stellen und dann eine
Entscheidung treffen, wie ich damit umgehen
will. Nicht nur automatisch reagieren, sondern
bewusst entscheiden.

*Die fehlende Grenze zwischen Arbeit und Ruhe
lässt leicht eine Art Niemandsland entstehen,
das sich ausbreitet – in beide Richtungen.
Es frisst sich in die Arbeit als Unvermögen,
sich zu konzentrieren, und dabei stiehlt es die
tiefe Freude, die zur Arbeit gehört.
Auch in Richtung Ruhe breitet es sich aus: als
Stress, der zu allem gehört, das man „irgendwie
auch noch" tun sollte …*

Wenn man nicht zulassen will, dass „die Entwicklung" einen an der Leine herumführt, muss man eigene Strategien ausarbeiten: ein Verhalten finden, das angemessen ist, einen Weg, Verantwortung zu übernehmen für die einzige Zeit, die man wirklich beeinflussen kann, nämlich die eigene ...

Wer Zeit hat, gewinnt Herzen, und das erste Herz, das es zu gewinnen gilt, ist das eigene ....

Wenn man sich nicht regelmäßig Ruhe gönnt, stresst man sich nicht nur selbst bis zum Zusammenbruch. Die ernsthafteste Folge ist, dass man die Menschen, die man am meisten liebt, mit in den Strudel reißt. Deshalb bedroht der Mangel an Ruhe unsere Beziehungen ....

Unglückliche Entscheidungen trifft man, wenn man entweder zu gehetzt oder zu müde ist. Dinge, die man nie hätte sagen sollen, sagt man, wenn die Kräfte nachlassen.
Tomas Sjödin"

Was sich hier vielleicht etwas abstrakt anhört, will ich mal an der oben beschriebenen Situation verdeutlichen:

Ich sitze also wieder am Frühstückstisch, alle sind aus dem Haus, die Zeitung liegt verlockend da. Ich spüre aber diese Unruhe, aufzustehen. STOPP! Ich atme durch und mache mir bewusst, was gerade geschieht: Ich würde gern sitzenbleiben, aber es treibt mich loszuwirbeln. WAS treibt mich, frage ich mich?

Die Angst, meine Aufgaben nicht geschafft zu haben, (aufräumen, saubermachen, E-Mails checken, telefonieren, den Artikel zu Ende schreiben …), ehe die Kinder nach Hause kommen und das Essen fertig sein soll. Ich prüfe das genauer: Sie haben sich Käsespätzle mit Salat gewünscht. SPÄTZLE! Ausgerechnet so ein zeitaufwändiges Essen!

Da schießt mir der verlockende Gedanke ins Hirn, dass ich ja ausnahmsweise heute auch einmal gekaufte Spätzle aus der Packung

machen könnte. Aber halt, fertige Spätzle, das geht ja gar nicht! Eine gute Hausfrau macht Spätzle selbstverständlich selber! (Diese unbewusste verinnerlichte Wertvorstellung ist nun so ein typisches Beispiel dafür, warum ich in ein unreflektiertes Verhaltensmuster rutsche).

Also: Ich ziehe Bilanz: Ich könnte mir jetzt die halbe Stunde Zeit nehmen für eine zweite Tasse Kaffee mit Zeitung, (und das alles ganz und gar genießen!) danach meine Arbeiten erledigen und dann, sollte die Zeit zum Teigmachen nicht ausreichen, abgepackte Spätzle in den Topf werfen.

Ich treffe eine bewusste Entscheidung und funktioniere nicht einfach nur automatisch. Der Preis, den ich dafür in Kauf nehmen muss, dass ich mir Zeit für mich gönne, heißt: Auszuhalten, dass ich „keine gute Hausfrau bin"!?

Nein, Scherz! Dass es heute eben mal keine selbstgemachten Spätzle gibt und die Kinder

dann eventuell enttäuscht sind. Und natürlich fühlt sich das nicht so gut an, zumal ich ja eigentlich auch finde, dass selbstgemachte Spätzle viiiiel besser schmecken …

Du lachst jetzt vielleicht, aber für eine Ursprungsschwäbin wie mich ist das ein ernsthaftes Thema! Und sicher fällt dir etwas vergleichbares ein, das für dich ebenso als „Muss" gilt.

Aber ich treffe diese Entscheidung ganz bewusst, weiß, dass sie für mich jetzt richtig ist, genieße meine dadurch gewonnene Auszeit und halte aus, dass es sich nicht ganz so gut anfühlt, als ob ich den Teig selbst gemacht hätte. (Kleiner Trost: Meine Familie wird von den Fertignudeln keinen bleibenden Schaden bekommen.)

Ich wünsche dir gute Entscheidungen.

Sie zu treffen ist oftmals nicht leicht.
Manchmal wissen wir nicht,
ob unsere Entscheidungen gut oder schlecht sind,
es gibt oft kein klares „richtig" oder „falsch".

Aber keine Entscheidung zu treffen, heißt,
zwischen zwei Polen hin-
und her gerissen zu sein,
zwischen den Stühlen zu sitzen,
nirgends wirklich anzukommen,
oder zuzulassen,
dass andere für uns entscheiden.

Jede Entscheidung kostet einen Preis:
Den bewussten Verzicht,
das eine nicht zu bekommen,
wenn du dich für das andere entscheidest.

Ich wünsche dir, dass du dazu
von ganzem Herzen Ja sagen kannst.

Doro Zachmann

Positive Sätze will ich vermehrt einüben gegen die Negativsätze: Statt „Das macht man doch nicht!" ein „Ich möchte es aber tun, deshalb mache ich es!" oder statt „Ich kann das sowieso nicht" ein „Ich werde es versuchen. Ich schaffe das bestimmt beim nächsten Mal!" (Da fällt mir meine Lieblingsheldin Pippi Langstrumpf ein, die einmal sagte: „Das habe ich noch nie vorher versucht, also bin ich völlig sicher, dass ich es schaffe.") Oder eben auch: „Ich werde das jetzt so tun, auch, wenn es sich ungewohnt oder gar unangenehm anfühlt. Aber dafür genieße ich den Gewinn, den es mir bringt!"

Das ist alles Übungssache. Je öfter ich mich selbst bewusst fühle und in mich hineinspüre, desto besser komme ich diesen inneren unreflektierten Antreibern auf die Spur und kann ihnen mit einer klaren Entscheidung begegnen. Ich muss nicht nach automatischen, unreflektierten Mustern funktionieren! Und ich muss auch nicht in meinen alten Schuhen wandern, wenn ich erkannt habe, dass sie mir nicht mehr passen!

WIR BRAUCHEN NICHT
SO FORTZULEBEN,
WIE WIR GESTERN
GELEBT HABEN.
MACHT EUCH NUR VON
DIESER ANSCHAUUNG LOS,

UND *tausend*

Möglichkeiten

LADEN UNS
ZU NEUEM LEBEN EIN.

Christian Morgenstern

Bei diesem Prozess des Umdenkens helfen auch Gespräche mit dem Partner, lieben Freunden, einem Seelsorger oder Therapeuten.

Und damit ich nicht gleich wieder aufgäbe und in meine alten Muster zurückrutsche, muss ich wissen, dass die Veränderung der schlechten Gefühle länger dauert, als der Prozess des Entscheidens. Das muss ich aushalten und mir klarmachen und von Mal zu Mal wird es besser gehen. Aber es lohnt sich allemal, dranzubleiben und immer mehr zu lernen, für mich selbst zu sorgen!

Ja, bewusst leben, jetzt und hier, in jedem Augenblick, das ist gar nicht so einfach. Oft sind wir in Gedanken ganz woanders.

Eine schöne Geschichte dazu:
Ein Mann wurde einmal gefragt,
warum er trotz seiner vielen Beschäftigungen
immer so glücklich sein könne.

Er sagte:
„Wenn ich stehe, dann stehe ich,

wenn ich gehe, dann gehe ich,
wenn ich sitze, dann sitze ich,
wenn ich esse, dann esse ich ..."

Da fielen ihm die Fragesteller
ins Wort und sagten:
„Das tun wir auch,
aber was machst du darüber hinaus?"

Er wiederholte:
„Wenn ich stehe, dann stehe ich,
wenn ich gehe, dann gehe ich,
wenn ich ..."
Wieder sagten die Leute:
„Aber das tun wir doch auch!"
Er aber sagte zu ihnen:

„Nein –
wenn ihr sitzt, dann steht ihr schon,
wenn ihr steht, dann lauft ihr schon,
wenn ihr lauft, dann seid ihr schon am Ziel.
So sind eure Gedanken ständig woanders und
nicht da, wo Ihr gerade seid."
Quelle unbekannt

Wie lange
ICH LEBE,
LIEGT NICHT
IN MEINER MACHT.
DASS ICH ABER,
SOLANGE ICH LEBE,
wirklich lebe,
DAS HÄNGT
VON MIR AB.

Seneca

Nimm dir Zeit für dich selbst und tu, was dir gut tut!

Was tut mir gut? Wobei kommt meine Seele zur Ruhe, was entspannt mich, macht mir Freude, bringt mich in den „Flow", so dass ich alles um mich herum vergesse? Ruhen, Ausruhen, heißt ja nicht unbedingt, dass ich ein Mittagschläfchen machen soll.

Bei mir jedenfalls haut das nicht hin mit dem vielzitierten und hochgepriesenen kurzen „Powernap". Ich brauche mindestens eine halbe Stunde, um überhaupt einschlafen zu können und dann falle ich ins Koma. Jedenfalls fühlt es sich so an, wenn ich tagsüber schlafe. Ich komme dann gar nicht mehr zu mir und wenn ich geweckt werde, bin ich völlig orientierungslos und weiß nicht, ob es morgens oder abends ist. Nein, das klappt bei mir einfach nicht, zumal ich nachts dann wirklich wach liege, wenn ich tagsüber geschlafen habe. Also habe ich gelernt, mich anderweitig auszuruhen.

Ruhen, Ausruhen und dabei neue Kraft gewinnen bedeutet, die Zeit für eine Sache zu nutzen, die mir gut tut, meinen Energietank füllt und anders ist, als das, was ich normalerweise tue.

Unsere Zwillingstöchter und unser Sohn sind nur 18 Monate auseinander. Für mich also, vor allem in der Kleinkindphase, gefühlte Drillinge. Als diese Zwerge noch in den Windeln steckten, war für mich jeden Mittag die größte Herausforderung, sie möglichst alle drei gleichzeitig zum Schlafen zu bringen, damit ich ein bisschen Auszeit und Erholung für mich hatte, um wieder neue Energie für die zweite Tageshälfte zu gewinnen. Das ist mir bei Weitem nicht oft gelungen, aber wenn, dann war es ein Fest! Ich wäre nie auf die Idee gekommen, diese kostbare kinderlose Zeit für die Hausarbeit zu nutzen! Hände weg von Staubsauger, Bügeleisen, Wischmopp!
Dafür war sie viel zu wertvoll. Ich habe sie einfach – ohne schlechtes Gewissen! – nur für mich selbst genutzt und etwas getan, was mir

83

schlichtweg Freude bereitete: Lesen, Stricken, Musik hören …

Es waren so kostbare Minuten, oft nicht länger als eine halbe Stunde, bis das erste Kind wieder aufwachte und meist die anderen beiden mit- weckte … und weiter ging es.

Natürlich muss ich wissen, was mir gut tut, wenn ich mir Gutes tun will. Hätte ich zehn Minuten lang überlegt, wären diese schon unnütz verstrichen gewesen …

Was tut dir gut? Was füllt deinen Energietank? Egal, was es ist! Hauptsache, es macht dir Freude und gibt dir wieder neue Kraft.

Schreibe dir am besten jetzt gleich ein paar Dinge auf, die du gerne tust oder unbedingt mal wieder tun willst, wenn du Zeit dafür hast.

Bei mir ist es zum Beispiel ein gutes Buch lesen, ein Schaumbad nehmen (lässt sich auch wun-

derbar kombinieren und mit einem Gläschen Sekt verfeinern), ein Stück Torte im Café genießen, fotografieren, malen, walken gehen, Tagebuch schreiben, stöbern im Buchladen oder auf dem Flohmarkt, tanzen, singen, Musik oder Hörbuch mit Kopfhörer hören, ins Theater gehen, handarbeiten, Freunde treffen, Essen gehen, auf vielerlei Weise kreativ sein … Manches geht schnell und überall, anderes bedarf mehr Zeit, Material, Vorbereitung oder gar einen Ortswechsel. Dann muss ich es im Vorfeld planen, sonst wird es nicht wahr.

Ich darf Wünsche, Bedürfnisse und Träume haben! Gott hat mich mit Sehnsüchten und Phantasie ausgestattet, mit Kreativität und Ideen, fünf Sinnen und mit der Fähigkeit zur Freude. Und mit jeder Menge Potenzial, das ich auf meiner Lebensreise entfalten darf und soll. Gott möchte, dass wir das Leben genießen und es uns gutgehen lassen. Ohne schlechtes Gewissen. Davon bin ich felsenfest überzeugt!

Dein kleines Ruderboot
liegt viel zu lange schon
angebunden am Steg.

Sehnsüchtig schaust du hinaus
auf den See,
würdest doch so gern ...

Komm, trau dich!

Steig ein,
mach die Leinen los,
nimm die Paddel in die Hand.

Ich glaub an dich!

Ja, ich bin sicher:
Du schaffst es.

Komm,
ich geb' dir einen sanften Schubs.

Doro Zachmann

Lebst du schon oder wartest du noch? Und wenn ja, auf was? Leb los! Leb heute!

Warte nicht damit, dein Leben in vollen Zügen zu genießen, wenn die Kinder endlich groß sind, das Haus fertig gebaut und der Kredit abbezahlt ist.

Ja, wenn endlich die Gehaltserhöhung käme, dann ..., wenn diese schreckliche Kollegin endlich kündigen würde, dann ...

Nein: JETZT und HEUTE findet dein Leben statt. Gestern ist vorbei und Morgen noch nicht da.

Nur den heutigen Tag hast du zum Gestalten. Und du weißt auch (Gott sei Dank!) gar nicht, was das Morgen bringen wird.

So oft sind wir Wartende:
Auf den Zug, auf den richtigen Partner,
auf die nächste Gehaltserhöhung ...
Wenn erst dies und jenes
erreicht oder eingetreten ist,
dann, ja dann
geht es uns erst richtig gut,
erst dann geht es so richtig los,
erst dann können wir wirklich glücklich sein,
denken wir oft.

Und verpassen damit unser Leben,
das währenddessen schon längst an unsere
Herzenstür klopft.
Heute, an diesem Tag.
Jetzt, in diesem Moment.
Hier, an diesem Ort.

Gestalte dein Leben, sieh dein Glück,
mach das Beste aus dem,
was du bereits hast und was dir anvertraut ist.
Warte nicht länger,
lebe los!

Doro Zachmann

Meine Mutter hat mit 80 Jahren beschlossen, noch mal ganz neu anzufangen. Sie hat mich gebeten, für sie einen Platz in einem Betreuten Wohnen in unserer Nähe zu suchen und ist dann vom Schwabenländle zu uns ins Badische gezogen.

Trotz heftigstem Gegenwind und großem Unverständnis („Einen alten Baum verpflanzt man doch nicht!" „Was willst du denn da, du kennst doch außer deiner Tochter und ihrer Familie niemanden!" „Das schaffst du nicht mehr!", „Dazu bist du doch zu alt!") hat sie an ihrem Traum und Wunsch festgehalten und wir haben sie dabei unterstützt.

Gesagt, getan. Alles ging dann schneller als gedacht. Bereits ein halbes Jahr später konnten wir ihren Umzug angehen und ihre kleine neue Wohnung gemeinsam einrichten.

Ich staunte nicht schlecht, wie schnell meine Mutter in ihrem neuen Leben ankam, sich zurechtfand, neue Kontakte knüpfte, die neue

Umgebung kennenlernte, aufblühte. Es war kaum zu fassen! Wir freuen uns sehr mit ihr, dass sie ihre Entscheidung bisher keinen Tag bereut hat. Nun ist sie schon drei Jahre hier und wir genießen es sehr, sie in unserer Nähe zu haben.

Eine Geschichte jedoch gab mir echt zu denken: Mutter war schon ein paar Wochen umgezogen. Als ich sie, wie jede Woche, besuchen kam, war sie regelrecht niedergeschlagen. Als ich nach dem Grund fragte, meinte sie, sie hätte mit ihrer älteren Schwester telefoniert und ihr ganz begeistert von ihren neuen Freundinnen erzählt, mit denen sie jeden Tag zusammen ist, um Karten zu spielen, Kuchen zu essen, spazieren zu gehen …

Da fragte sie die Schwester, ob sie denn schon alle Kartons und Kisten ausgepackt habe. Als meine Mutter verneinte und meinte, ein paar davon stünden noch im Abstellraum, machte ihr die Schwester große Vorwürfe: „Wie kannst du durch den Tag bummeln und dich

amüsieren, wenn du noch nicht mal ordentlich eingerichtet bist!?"

Nicht zu fassen, dass man selbst mit über 80 Jahren sich noch von anderen Menschen ein schlechtes Gewissen machen lassen kann.

Ich habe meiner Mutter daraufhin folgendes gesagt: „Mama, du machst alles richtig! Du feierst das Leben, du genießt den Sommer und die ollen Kisten können wir auch bei Regenwetter noch auspacken. Es scheint ja auch nichts Wichtiges drin zu sein, sonst hättest du es schon vermisst. Also, alles kein Problem! Und jetzt lass uns Eis essen gehen!" Das ließ sich meine unternehmungslustige Mutter nicht zweimal sagen und strahlte sofort wieder.

Träume nicht dein Leben, lebe deinen Traum!
Denke groß, ohne Größenwahn. Glaub an dich!
Sei mutig und wage neue Schritte, probiere Ideen
aus, die dich schon länger umtreiben.

Glaub an deinen Traum,
denk an ihn
bei Tag und Nacht.

Sprich über deinen Traum,
mal ihn dir ins Herz
und auf den Tischkalender.

Lass den Traum Motor sein
für deine nächsten Schritte.
Und du wirst sehen:
Kraft wächst dir zu!
Frag dich:
Wenn nicht jetzt,
wann dann?
Wenn nicht du,
wer dann?

Hab den Mut,
deinen Traum zu leben
und du erlebst
Sternstunden.

Doro Zachmann

Träume zu leben, ist etwas Wunderbares. Aber manchmal auch gar nicht so einfach. Es bedarf einer ordentlichen Portion Mut für den ersten Schritt. Und keiner kann dir versprechen, dass es nicht auch Rückschläge gibt. Aber gib dann nicht gleich auf, bleib dran, es lohnt sich! Gut Ding will auch oft Weile haben …

Vor nun fast acht Jahren habe ich zusammen mit vier Freundinnen ein Ladencafé gegründet, in dem ich auch immer noch mit Freude mitarbeite, wenn auch deutlich reduzierter als am Anfang. Unser „Sellawie" ist wirklich ein Traum geworden, zigmal schöner, als wir alle es uns vorgestellt hatten. Aber ganz ehrlich: Der Weg dahin war auch nicht leicht, oft sogar ziemlich steinig, obwohl wir viele Unterstützer und helfende Hände hatten. Dennoch gab es immer wieder Rückschläge, vor allem in Form von behördlichen Auflagen für die Gastronomie, von denen wir vorher keine Ahnung hatten – wir waren alle Quereinsteiger und keine von uns hatte je vorher damit zu tun gehabt. Uns einte, neben

unserer Freundschaft, der Traum vom eigenen Café, das so ganz anders ist, als man/frau es kennt. Gott sei Dank wussten wir vorher nicht, was da alles auf uns zukommt, wir hätten die Idee sonst wahrscheinlich bereits im Keim erstickt. So aber sind wir naiv und blauäugig, mutig und entschlossen, einfach drauf losmarschiert – und haben es nicht bereut! Pippi-Langstrumpf-Denken!

Jeder Weg beginnt mit dem ersten Schritt und manche Wege entstehen erst im Gehen. Also, bleib nicht stehen und grübele ewig, ob es sich lohnt, deinen Traum zu leben. Geh los! Hab Mut! Wage es! Du wirst sehen: Kraft wächst dir zu und für fast jedes auftretende Problem gibt es auch eine Lösung! Trau dich, deinen Traum zu leben!

Flieg!

Mir war, als hörte ich Gott flüstern:
„Es ist an der Zeit,
deine Flügel auszubreiten
flieg los!

Das Leben wartet auf dich!

Oder denkst du wie die Raupe,
dass das schon alles war?

Hab den Mut, Neues zu wagen.

Glaub mir, ich hab noch viel mit dir vor.
Vertrau mir ganz.
Breite die Flügel aus,
die ich dir habe wachsen lassen,
und flieg!

Hab keine Angst!
Ich bin der Wind, der dich trägt!"

Doro Zachmann

Glaube

ENTSPANNT

Good
morning!
♡

GLAUBE ENTSPANNT

Gott hat kein Interesse daran, uns zu über-
fordern. Er verlangt von uns nicht mehr, als
wir auch geben können. Dennoch fordert er
uns immer wieder auch heraus, weil er sich
wünscht, dass wir das Potenzial, das er in uns
hineingelegt hat, entfalten und zur Blüte bringen. Aber Gott hat sehr viel Geduld mit uns,
er erzwingt nichts, bricht nichts übers Knie,
lässt uns unsere Zeit.

Ein besonders eifriger Mann meditiert Tag und
Nacht: Er schläft kaum und isst so gut wie nichts.
Wenn Freunde ihn besuchen, schickt er sie bald
davon und für eine Liebste hat er schon gar keine
Zeit. Schließlich begegnet er eines Tages dem
Rabbi. „Mein Lieber", ruft der, „du bist ja völlig
erschöpft. Nimm dir Zeit und schone dich!"

„Aber ich suche Gott!", erwidert der Mann.
„Und woher weißt du", fragt der Rabbi, „dass
Gott vor dir herläuft und du ihm nachrennen

musst? Vielleicht ist er ja hinter dir und vermag dich bei deinem Tempo nur nicht einzuholen."
Quelle unbekannt

Ich muss für Gott keine Leistung erbringen, damit er mich liebt. Gott liebt und würdigt mich schon jetzt, nicht erst, wenn ich mehr und konzentrierter die Bibel lese, öfter in die Kirche gehe, mehr Ehrenamt leiste, länger und intensiver bete, immer nett und freundlich bin.

Nein. Gott liebt mich, damit ich nett und freundlich werde; damit mein Leben Heilung erfährt, da, wo manches in mir zerbrochen ist; damit ich dankbar und glücklich sein kann; damit ich reife zu der Persönlichkeit, als die er mich erdacht hat und deren Potential schon in mir schlummert. Gottes Liebe hat ein Ziel für mich.

Wenn ich auf mein Leben zurückblicke, habe ich zwei große Erkenntnisse gewonnen:

1. Alles, was mir auf meinem Lebensweg begegnet, hat mit Gott zu tun.
Das Schöne als auch das Schwere. Es gibt keine Zufälle! Alles, was mir begegnet, muss zuvor an Gott vorbei, wird von ihm sozusagen vorgefiltert.

2. Da Gott es gut mit mir meint und mein Bestes will, darf ich ganz und gar auf ihn vertrauen.
Das bedeutet nicht, dass mein Leben immer nur leicht, beschwingt und unbeschwert ist. Kein Leben verläuft ohne Pleiten, Pech und Pannen oder gar große Schicksalsschläge, jeder von uns hat sein Päckchen zu tragen. Aber nicht die vermeintlich „Leidlosen" sind die automatisch glücklicheren Menschen, sondern jene, die verstanden haben, dass auch die Schwierigkeiten und Stolpersteine zum Leben dazugehören und die gelernt haben, Ja zu ihnen zu sagen und das Beste daraus zu machen.

Da, wo Gott uns herausfordert, schwierige Wegstrecken, leidvolle Erfahrungen, schmerzvolle Einschnitte zu durchleben, dürfen wir darauf vertrauen, dass er uns die nötige Kraft schenkt, die dunklen Tage, Wochen, Monate oder gar Jahre zu überstehen. Dass er uns nicht im Stich lässt, sondern mit uns durch das dunkle Tal wandert, Seite an Seite und uns trägt. Wenn wir uns von ihm tragen lassen.

Auch ich habe schon mehrfach in meinem Leben erfahren dürfen, dass Gott selbst aus Krisen und schweren Zeiten Wunderbares entstehen lassen kann. Als ich vor nun 27 Jahren unseren Sohn Jonas mit Down-Syndrom, einer sogenannten geistigen Behinderung, geboren habe, bin ich zunächst in ein tiefes dunkles Loch gefallen und hätte mir nicht träumen lassen, welch großes Geschenk dieses ganz besondere Kind sein würde.

Mein Sohn hat mir Herz und Augen geöffnet, ist mir in so vielen Lebenslagen zum Lehrmeister geworden, weil er eben nicht über

den Verstand die Welt begreift, sondern auf ganz simple Weise mit dem Herzen versteht und mir vorlebt, was wirklich wichtig ist im Leben. Unzählige Male habe ich durch Jonas begriffen, was das Leben tatsächlich ausmacht, welche Ziele wirklich lohnen. Ich bin also reich beschenkt, keine Be-troffene, sondern eine Ge-troffene – und zwar mitten ins Herz hinein!

Zwei Wochen nach Jonas' Geburt, als wir uns so langsam mit seinem Down-Syndrom ange-freundet hatten, erhielten wir die Diagnose, dass er zudem einen schweren Herzfehler habe. Plötzlich rückte die Behinderung in den Hintergrund: Nun ging es um Leben und Tod. Die große Angst, es wieder verlieren zu können, machte uns auch deutlich, wie sehr wir das kleine Kerlchen bereits liebten.

Zwei Operationen am offenen Herzen haben wir mit ihm durchgestanden, die erste, im Alter von acht Monaten, die zweite mit 14 Jahren. Bei beiden Eingriffen standen die

Chancen 50/50, dass Jonas überleben würde. Das waren für mich Intensivmomente, wo das Wort Ohnmacht zur lebendigen Erfahrung wurde. Ich wusste, hier kann ich gar nichts mehr tun, hier bleibt mir nur in die Praxis umzusetzen, woran ich fest glaube: Nämlich Gott meine ganze Angst hinzulegen und darauf zu vertrauen, dass er den Überblick hat und weiß, was er tut.

Wir beteten damals nicht nur, dass Gott unser Kind am Leben erhalten möge, sondern auch um die Kraft, die nötig sei, mit seinem eventuellen Tod weiterleben zu können, schließlich konnten wir die anderen 50% nicht einfach ausblenden.

Jonas hat – Gott sei Dank – beide Eingriffe überlebt und wir haben Gott in diesen schweren Zeiten sehr nah und tragend erleben dürfen. So furchtbar die Umstände waren, diese Erfahrungen möchte ich dennoch nicht missen, da sie meinen Glauben sehr vertieft und geprägt haben.

Du, Dankbarkeit,
jeden Tag neu
will ich mich für dich entscheiden:
meine Gedanken sollen danken,
nicht kreisen um die Finsternis.

Denn in jedem Dunkel
ist auch ein Licht zu finden:

Schaltet einer die Sonne aus,
so scheint doch noch der Mond.
Und wenn die Sterne nicht mehr leuchten,
so brennt doch irgendwo in den Häusern
eine Lampe, ein Kaminfeuer,
oder sieh, dort drüben
zündet gerade jemand eine Kerze an.

Du, Dankbarkeit,
sei der Wächter meiner Seele,
lass nicht hinein,
was finster ist.

Du, Dankbarkeit,
reiße das Herzensfenster auf,
scheuch hinaus,
was in mir muffig
und dunkel ist.

Du, Dankbarkeit,
mach meine Seele hell und freudig
und lüfte sie wieder kräftig durch.

Doro Zachmann

Wenn ich diesem Gott, der es gut mit mir meint, ganz und gar vertraue, dann habe ich auch viel Grund zur Dankbarkeit! Dankbarkeit ist ein Schlüssel zum Glück. Ich kann mich jeden Tag neu entscheiden, zu meinem Leben ja zu sagen und den Blick auf das Gute zu richten.

Dankbare Menschen, so hat die Wissenschaft eindeutig festgestellt, sind glücklichere Menschen.

Was mir hilft, einen zufriedeneren Blick auf mein Leben zu werfen, ist ein Danke-Tagebuch.

Es gibt immer mal wieder Zeiten in meinem Leben, wo ich feststelle, dass ich nörglerisch, unzufrieden, einfach nicht gut drauf bin, und das eigentlich grundlos. (Einiges von diesen Gefühlsschwankungen hat auch mit den Hormonen zu tun, wie einige Frauen jetzt sicher bestätigend abnicken, vor allem in den Wechseljahren.) Dennoch will und wollte ich es nicht so hinnehmen und dieser Schräglage

meines Gemüts etwas entgegensetzen. Und so habe ich vor Jahren mit einem Danke-Tagebuch begonnen.

Es liegt direkt neben meinem Bett und ich zelebriere es in solchen Phasen wochenlang jeden Abend: Bevor ich nicht mindestens drei Sachen aufgeschrieben habe, wofür ich dankbar sein kann, klappe ich es nicht wieder zu.

Das müssen keine großen Wunder oder unglaubliche Geschehnisse sein, oft sind es nur Kleinigkeiten, die ich an diesem Tag erlebt habe: Das nette Wort meiner Nachbarin über den Zaun, der tröstende Anruf einer Freundin, die perfekte Parklücke, mein Lieblingslied im Radio, das wunderbare Wetter, die Kopfmassage von meiner Tochter, eine freundliche E-Mail, das lustige Video von meiner Enkelin, die warme Hand meines eingeschlafenen Mannes auf meinem Rücken ...

Ich lenke damit bewusst meinen Blick auf das Gute dieses Tages und will dankbar ein-

schlafen statt grummelnd und nörglerisch in Gedanken an das, was nicht gut lief.

PERSPEKTIVWECHSEL, BLICKWINKELÄNDERUNG!

Denn Dankbarkeit ist die Fähigkeit, im alltäglichen Kleinen das Große und Schöne zu sehen.

DANKBARKEIT MACHT ZUFRIEDEN.

Zufriedenheit ist NICHT das Ergebnis dessen, was ich bin, kann und habe (wie ja viele Berichte über Promis, Reiche und Supersportler zeigen). Sondern: Zufriedenheit ist das Ergebnis einer Entscheidung, nämlich der, zufrieden sein zu WOLLEN! Ich richte den Blick auf das, was ich habe, kann und bin und nicht auf das, was ich gern wäre, könnte und hätte.

Jeder Tag
BRINGT SEINE
Geschenke
MIT,
MAN BRAUCHT
SIE NUR
auszupacken.

Albert Schweitzer

So oft streben wir
nach Anerkennung, Erfolg,
Geld, Macht und Ruhm
und werden doch nicht satt dabei.

Zugleich schielen wir neidisch
nach links und rechts
und beim Vergleichen mit anderen
verlieren wir uns selbst aus dem Blick.

Lass uns ein Loblied anstimmen
auf unsere Mittelmäßigkeit!

Wir müssen nicht die Stärksten,
Besten und Klügsten sein,
das können gern andere übernehmen,
während wir uns
entspannt zurücklehnen
und ein Ja zu uns finden,
so wie wir sind.

Komm,
wir nehmen uns nur noch vor,
was wirklich zählt im Leben:

jeden Tag
für einen Menschen
der Grund für sein Lächeln zu sein,

jeden Tag
in dem Wissen leben,
dass wir geliebt und getragen sind,

jeden Tag
zufrieden zu sein,
mit dem, was Gott uns schenkt,

jeden Tag
unser Herz neu auszurichten,
damit es am rechten Fleck sitzt.

Doro Zachmann

Ich verstehe, dass ALLES ein Geschenk Gottes ist, also keine Selbstverständlichkeit, und dass es morgen auch schon wieder vorbei sein kann.

Neid hat dann keinen Platz in meinem Herzen. Selbst, wenn ich gerade eine schwere Zeit durchmache, will ich mich über das Glück des anderen dennoch freuen können. Alles ist eine Frage der bewussten Entscheidung!

Ich will meine Gedanken achtsam lenken und steuern. Denn sie haben große Macht über mich.

Mein Leben ist ein Riesengeschenk und eine wunderbare Chance: Wenn ich Liebe (auch mir selbst gegenüber) empfange und weitergebe, kann ich Gesegnete/r und Segenbringende/r zugleich sein! Was für eine himmlisch gute Idee! So etwas kann doch nur einem kreativen und liebenden Gott einfallen!

Ich wünsche dir
gute Gedanken,
denn sie sind der Ursprung
all deiner Gefühle,
all deiner Worte und
all deiner Taten.

Was du denkst,
das fühlst du!

Was du denkst,
das wirst du!

Also gib Acht
auf deine Gedanken,
lenke, bündle und steuere sie bewusst
und lass nicht zu,
dass sie dich auf negative Weise
im Griff haben.

Sei dein eigener Gedanken-Wächter!

Doro Zachmann

Wenn ich diesem liebenden Gott vertrauen darf und seine Versprechen ernstnehme, dann brauche ich mir auch keine unnötigen Sorgen zu machen. Muss nicht um Probleme kreisen und ständig über Schwierigkeiten grübeln.

Jeder Tag hat seine eigene Plage. Mach dich nicht schon im Vorfeld verrückt wegen Morgen! Ich halte es auch für wichtig, mir gerade dann, wenn ich so sorgenvoll bin, wieder deutlich und bewusst zu machen, dass ich nur Mensch bin - und eben nicht Gott.

Nein, ich habe mein Leben wahrlich nicht immer im Griff und schon gar nicht über alles die Kontrolle. Ich kann gar nicht alle Probleme und Schwierigkeiten lösen! Muss ich auch nicht! Dafür habe ich ja meinen kleinen Glauben an einen großen Gott, der mir hilft.

Und manche Dinge kann auch nur Gott lösen, die darf und kann ich ihm auch nicht aus der Hand nehmen. Vielmehr lege ich sie ganz bewusst dann in die seine.

Aus einer gelungenen Predigt zum Thema Sorgen habe ich mir einen sehr guten Tipp mitgenommen und schon mehrfach erfolgreich ausprobiert: Wenn ich voller Sorgen im Bett liege und nicht einschlafen kann, weil ich in meinem sich immer schneller drehenden Gedanken-Karussell feststecke, dann packe ich eben dieses Sorgenpaket: Ich lege in meiner Phantasie alle diese Negativgedanken und belastenden Probleme in eine Kiste, die ich fest verschnüre und stelle sie Gott vor die Füße mit dem Gebet: „Hier bin ich, mein Gott, denn du hast gesagt, wer müde und belastet ist, soll zu dir kommen. Ich gebe dir hiermit all meine Sorgen, Probleme und Belastungen. Bitte nimm sie mir ab für diese Nacht, damit ich ruhig schlafen kann. Und gib mir morgen nur das zurück, von dem du willst, dass ich es angehe."

Natürlich lösen sich dadurch meine Probleme nicht in Luft auf, aber ich habe schon mehrmals erlebt, dass die Kiste am Morgen „leichter" war, als ich sie abends abgegeben habe!

Gott sagt dir zu:

Schau aufmerksam und dankbar zurück,
dann wirst du dich in deinem Leben an
unzählige Momente des Glücks erinnern.
Ich habe dir so viel gegeben,
so viel ermöglicht,
so viele Türen geöffnet
und dir zur Blüte verholfen.
Du bist reich gesegnet und beschenkt.

Aber damit nicht genug:
Wenn du zurückblickst,
wirst du auch erkennen, dass ich sogar aus
schwierigen Zeiten deines Lebens
habe Gutes erwachsen lassen.

Ich habe dir Krisen
als Chancen für Verbesserung geschenkt
und dich da getragen,
wo du selbst nicht mehr in der Lage warst,
einen Fuß vor den anderen zu setzen.

Ich habe so viele Gaben,
Talente und Stärken
in dich hineingelegt.

Nun ist es an dir,
sie zu entdecken, zu entwickeln und
dir zur Freude, mir zur Ehre und
anderen zum Nutzen einzusetzen.

So bist du Gesegneter und
Segenbringender zugleich.

Wenn andere an deinem Leben
meine Liebe ablesen können,
hast du verstanden, worum es mir geht.

Du bist mein geliebtes Kind,
ich will dich reich segnen.
Ich bin da, dir ganz nah.
Doro Zachmann

Mein Leben, auch mein Glaubensleben, ist immer wieder großen Herausforderungen ausgesetzt, das gehört einfach dazu, da kommt auch keiner drumherum. Die Frage ist, wie ich mit solchen Spannungen und Schwierigkeiten umgehe.

In meinem - sehr persönlichen - Buch "Auf Umwegen geradewegs zum Ziel" habe ich dieses Thema in den Mittelpunkt gestellt: Die Stolpersteine, Hindernisse, Irrwege und Sackgassen auf unserem Lebensweg als dazugehörig anzunehmen, mit Gottes Hilfe zu überwinden und das Beste aus ihnen zu machen, ja, die neu gemachten, zum Teil sehr leidvollen Erfahrungen sogar ganz bewusst in unseren weiteren Lebenslauf zielgerichtet einfließen zu lassen. Ich bin mir sicher, dass Gott mir nicht mehr abverlangt, als ich auszuhalten in der Lage bin, und dass er mich in allen schweren Lebenslagen begleitet, stützt und trägt. Das ist jedenfalls meine bisherige Lebenserfahrung, also kann ich mich doch getrost fallen lassen in die Arme dieses wunderbaren Gottes und ganz

entspannt glauben und leben. Was mir mit jedem Lebensjahr und in jeder Schwierigkeit etwas besser gelingt ...

Und weil ich mir selbst eine gute Freundin sein möchte, da ich es ja noch lebenslänglich mit mir zu tun habe, werde ich gut für mich selbst sorgen. Ich möchte die mir von Gott gegebenen Gaben leben, entfalten und für andere einsetzen, um diese Welt ein kleines Stückchen bunter, schöner, liebevoller und besser zu machen. Es ist eine große Erfüllung, in meiner Bestimmung zu leben, also genau das zu tun, was ich tun möchte, was zu mir passt und wofür ich geschaffen bin. Fazit: Ich möchte ein Ja zu mir und meinem Leben haben.

Du auch?

Dann:

TU DIR GUTES:
GÖNN DIR DICH!

DORO ZACHMANN

ist 1967 in Aalen geboren und
dort aufgewachsen. Die Diplom-
Sozialpädagogin versteht sich als
Familienfrau und engagiert sich
darüber hinaus als Referentin und

Autorin. Sie schreibt autobiografische Bücher und konzipiert farbenfrohe, inspirierende Kalender und Bildbände.

Gemeinsam mit ihrem Mann, dem Psychotherapeuten Wolfgang Zachmann, hat sie vier erwachsene Kinder und eine Enkelin.

Ihr geistliches Zuhause sieht die beliebte Autorin seit vielen Jahren in der Freien evangelischen Gemeinde Karlsruhe.

Sie ist Mitbegründerin und Mitarbeiterin des Autoren-Laden-Event-Cafés „Sellawie" in Forst, das ihr ebenfalls sehr am Herzen liegt. In ihrer Freizeit ist sie kreativ, liest viel und verbringt sehr gerne Zeit mit Familie und Freunden.

TEXTQUELLEN

52
aus Tomas Sjödin, Es gibt so viel, was man nicht muss
© 2018 SCM Verlagsgruppe GmbH, Witten

60-61, 71-72
aus Tomas Sjödin, Warum Ruhe unsere Rettung ist
© 2019 SCM R.Brockhaus in der
SCM Verlagsgruppe GmbH, Witten/Holzgerlingen

46, 88, 95
aus Doro Zachmann, Ein Päckchen voller Dank
© Kawohl Verlag, 46485 Wesel

34-35, 39, 48, 62, 65, 76, 113
aus Doro Zachmann, Ein Päckchen voller Wünsche
© Kawohl Verlag, 46485 Wesel

22-23
aus Doro Zachmann, Ich bin bei dir, vertraue mir
© Kawohl Verlag, 46485 Wesel

WEITERE BÜCHER VON DER AUTORIN

Doro Zachmann
Willkommen, kleines Wunder Mensch
Ihr Baby ist unvergleichlich, einzigartig, einmalig! Es ist ein Geschenk Gottes an Sie und für die Welt. Lassen Sie sich in die Lebensfreude hineinnehmen.
Bildband, 64 Seiten, 25 x 23 cm, durchgehend bebildert.
RKW 5160 • ISBN: 978-3-86338-160-8

Doro Zachmann • Geliebt und gehalten
Sie dürfen halten, lieben, staunen. Ein Wunder des Lebens liegt in Ihren Händen. Emotionale Bilder von Marianne Borst unterstreichen den Jubel über das neue Leben. Bildband,
48 Seiten, 17 x 17 cm, durchgehend bebildert.
RKW 574 • ISBN 978-3-88087-574-6

Doro Zachmann • Die Jahreszeiten der Seele
Lassen Sie sich mitnehmen auf eine innere Reise der Seele. Ausgedrückt in emotionalen Worten und Bildern. Humorvoll, nachdenklich, ermutigend, berührend, spritig, wohltuend, tiefsinnig - wie das Leben selbst. Bildband,
48 Seiten, 17 x 17 cm, durchgehend bebildert.
RKW 5132 • ISBN 978-3-86338-132-5

Doro Zachmann • Mein Geburtstagsgruß
„Ich gratuliere dir von Herzen, dass es dich gibt und gratuliere mir, dich kennen zu dürfen." - Wenn Sie jemandem das sagen möchten, dann ist dieser Bildband das perfekte Geschenk. Liebevolle Worte voller Lebensfreude und Verbundenheit. Bildband,
48 Seiten, 17 x 17 cm, durchgehend bebildert.
RKW 5124 • ISBN 978-3-86338-124-0

Doro Zachmann • Alles Liebe
Mit Gottes Segen in die Ehe starten.
Emotionale Texte über die Liebe und das
Zusammenleben unterstreichen den Jubel
und das Glückgefühl dieses besonderen
Tages. Für alle, die ihre Liebe feiern.
Bildband, 48 Seiten, 25 x 23 cm,
durchgehend bebildert.
RKW 5165 • ISBN: 978-3-86338-165-3

Doro Zachmann
... und weiß dich geborgen
Viele Stunden verbrachten Sie am Bett eines
geliebten Menschen. Wie können Sie nun mit
dem Verlust und der Trauer leben lernen, wie die
Erinnerungen verarbeiten? Trost-Bildband,
64 Seiten, 21 x 21 cm, durchgehend bebildert.
RKW 5152 • ISBN 978-3-86338-152-3

Doro Zachmann
Wenn das Herz voll Trauer ist
Der Verlust des Partners führt die Seele in nie
gekannte Tiefen. Intensive Texte und Bilder be-
gleiten diese schmerzhafte Zeit und gehen behut-
same Schritte zur Trauerbewältigung. Bildband,
48 Seiten, 21 x 21 cm, durchgehend bebildert.
RKW 5177 • ISBN 978-3-86338-177-6

Doro Zachmann
Auf Umwegen geradewegs zum Ziel
Ein Plädoyer, trotz Stolpersteinen im Leben mutig
den eigenen Weg fortzusetzen. Gerade in Hinder-
nissen lassen sich Wegweisungen erkennen.
144 Seiten, 10,5 x 15,5 cm.
RKW 5021 • ISBN: 978-3-86338-021-2

WEITERE BÜCHER VON DER AUTORIN

Gottes liebevolles Reden hat uns so viel Ermutigendes zu sagen. Seine Zusagen gelten in jeder Lebenssituation. Einfühlsam öffnen sie das Herz für die himmlische Sicht auf zentrale Lebensthemen wie Vergebung, Trost, Führung, Hoffnung oder Segen.
Bildband, 96 Seiten, 14 x 21 cm, durchg. bebildert.

Doro Zachmann
Ich bin da, dir ganz nah
RKW 5112 • ISBN: 978-3-86338-112-7

Doro Zachmann
Ich bin bei dir, vertraue mir
RKW 5161 • ISBN: 978-3-86338-161-5

Doro Zachmann • Ein Päckchen voller Wünsche
Sie möchten einem Menschen, der Ihnen am Herzen liegt, gute Worte weitergeben? Dann ist dieses Buch genau das Richtige. Drücken Sie aus, was Ihnen der andere bedeutet und was Sie sich für ihn wünschen.
Hardcover, 112 Seiten, 10,5 x 15,5 cm.
RKW 5009 • ISBN: 978-3-86338-009-0

Doro Zachmann • Schön, dass es dich gibt
52 Freundschafts-Botschaften
Sind Ihnen Ihre Freunde wichtig? Dann sagen Sie es ihnen doch einmal in einer besonderen Form. Die kleinen Botschaften möchten Ihre Freundschaft zu Menschen vertiefen. Bildband, 128 Seiten, 12 x 17 cm, durchgehend bebildert.
RKW 5141 • ISBN: 978-3-86338-141-7